はじめに

　内緒にしてね、と頼まれた話は決して口外してはいけません。その人はほかの誰でもなく、あなたを信頼して相談してくれたのですから。

　ところが、現実はどうでしょう。回りまわって同じ話を別のルートから聞かされることはまれではありません。人は案外、誰にでも相談しているのです。そして人は、内緒だと念を押されると余計に人にしゃべりたくなるものなのです。

　内緒話はダダ漏れになるもの。そんな人間社会の必定を逆手にとったのが、新聞やラジオの人生相談です。衆人環視の中で相談していながら、匿名性は保たれているため誰の話かはわからない。そうです。相談を内緒にするのではなく相談者を内緒にすれば、相談者は誰にも知られずに専門家の回答を得られ、読者や聴取者にとっては楽しくためになる。この一挙両得を狙った人類史上最高のエンタテインメントが、人生相談だと私は思っています。

　本書には、私が回答者を務めて７年になる読売新聞「人生案内」の記事の一部を収録しました。ほとんどの相談者は真剣に悩んでいるので大変申し訳ない言い方になりますが、1000万人近い全国の読者を前にして、よくもまあ、こんなことを相談できるものだと唖然としてしまう話も少なからずあります。でも考えてみれば、人に絶対に知られたくないからこそ、彼らは新聞という公器を選んだのかもしれません。つまりここにあるのは、身近な人に相談できずに悩んで悩んで悩みぬいた挙句に寄せられた、この空の下にいる誰かの極上の内緒話なのです。

　私の回答はいつも厳しすぎるようで、もう少し手加減してくださいと担当者に言われることもあります。でも通読すればきっとおわかりいただけると思います。私はあなたの悩める人生が愛おしくて仕方がないということを。シェイクスピアも書いています。〝人間とは、なんという傑作だろう！〟（『ハムレット』）。

目次

最低の男に仕返ししたい

2014.5.4

50代無職女性。私をだまして侮辱した最低の元上司が部長に昇進しました。悔しくて仕方ありません。

私は二十年以上契約社員として働いた会社を数年前に退職しました。その人は2歳年上で当時の上司。「力になってやる」と励まされ、アドレスを交換したら、メール攻勢が始まりました。口がうまく強引で「60歳頃までは面倒をみるから」と言われ、辞めた寂しさもあってついていってしまいました。その人の家庭はうまくいっていないようでした。

その人の紹介で就職しましたが、残業が多くて辞めました。それが面白くなかったのか、私をバカにし始め「人生負け組、フン、疲れる」とはき出した言葉が忘れられません。別の女性とつきあって私が邪魔になったようです。

忘れてしまうのが一番いいことだと自分に言い聞かせるのですが、仕返しをしてやりたい。どう心を保てばいいのか、お叱りの言葉を含めてお教えください。（岩手・W子）

❖ ❖ ❖ ❖ ❖

お望みどおり、お叱りするしかないようです。ひどい男ですねとか、つらいですよねなんて同情の言葉をあなたも期待していないと思いますから。

決定的な問題は、あなたに彼の妻に対する罪の意識がまったくないことです。恋愛はフィフティ・フィフティですが、不倫はそれ以上の代償を覚悟せねばなりません。彼に仕返ししてやりたいだなんて、妻にばれていたら仕返しされるのはあなただったのですよ。

しかも「60歳頃までは面倒をみる」と言われてついていくとは、まさか愛人として囲われるつもりだったのでしょうか。二十年以上も働き続けた経験やたくわえに対するプライドはどこへいったのですか。彼の昇進を悔しがっているようですが、昇進は彼のものであって、そもそもあなたが手に入れたり奪われたりするものではありませんよ。

憎しみや嫉妬は前進の妨げになります。50歳を過ぎて恋愛ができただけでも良しとしなければ。彼とつきあうまでは一人で生きてきたのです。手痛いやけどをしたぐらいの気持ちで出直してください。

あなただって、十分わかっておられるではないですか。忘れてしまうのが一番いいことだと。

妻子ある上司と道ならぬ恋

2013.10.19

40代のシングルマザー。職場の妻子ある上司とつきあって四カ月になります。

離婚して十年以上が過ぎ、子どもは社会人と高校生になりました。その間、一度も恋愛はしませんでした。

彼とは朝晩にメールをして、月に三、四回会っています。職場では誰にも知られていません。彼は子煩悩で、家庭を壊す気はないとはっきり言われています。彼は私に「いつかは誰かと幸せになってほしい。その時は遠くから見守る」とも言います。お互い今が楽しいから一緒にいたいと感じています。

彼と一緒になるのは無理で、いつかはやめなければいけない恋愛だとわかっています。つらいけれどお互いに好きでいる間に別れた方が良いかとも考えます。

不誠実な恋愛をやめなければいけないと思うほど、不安で切なくて悩んでばかり。道ならぬ恋はしてはいけないですよね。でも、人を好きになる気持ちって何なのでしょう。こんな私を一喝し、正しい道を教えてください。（東京・K子）

❖❖❖❖❖

妻子ある男性に恋をした方はみな、あなたと同じように正解のない問いを自分に向け、悩み、苦しみ、葛藤します。結末はわかっているだけにつらいと言います。あなただけが特別ではありません。それが道ならぬ恋をした者が負う定めというものです。

相手の男性は離婚する気はないと割り切っています。正直ではありますが、ずるい男です。このままでは、あなたはずっと愛人であり、不倫相手です。それではいやだと思うから苦しいのです。

正しい道を教えろとありますが、正しかろうが正しくなかろうが、あなたが生きている人生がすべてです。だからといって今のままでよいわけではない。なんとかせねばならないと思っている。つまり、自分が歩いている道は正しくない、とあなた自身は判断したわけです。ならば答えははっきりしています。道を間違えたのだから、今すぐ方向転換すればいいのです。

今はつらくとも、時が思い出に変えてくれるでしょう。職場に知られずにすんだことを幸いとしてください。命拾いしたのです。

娘が職場の既婚者と不倫

2009.7.13

？

50代主婦。一人暮らしの20代の娘が、職場の40代の既婚者と男女の仲になってしまいました。きっかけは元気のなかった男性に娘が「どうかしたのですか」と声をかけたこと。「交際していた若い女性に失恋した」と答えたそうで、娘が「驚いた」と話していたのを覚えています。その後、関係が始まったようです。

会社を辞めさせようとも考えましたが、娘が希望した仕事です。〈このままではあなた自身が傷つく。他人を不幸にして自分は幸せになれない〉と手紙を書きました。すると娘は〈いけないとわかっているが好きになってしまった〉と苦しい胸の内をつづってきました。数日後、〈けじめはつけたから〉とのメールが届きました。娘は「そっとしておいて」と言うばかり。

ところが三カ月後、娘の部屋で、最近撮った二人の旅行写真を見つけました。娘は私をだましていたのです。誰にも相談できず悩んでいます。（大分・I子）

❖ ❖ ❖ ❖ ❖ ❖

心配なさるお気持ちはよくわかります。他人の不幸の上に、自分の幸福はない。その通りだと思います。手紙までお書きになったのですから、あなたの気持ちはもう十分に娘さんに届いていることでしょう。

でも、おわかりですよね。「いけないとわかっているけど好きになってしまった」という娘さんの気持ちも。これはもう、どうしようもない。反対されればされるほど、かたくなになってしまうかもしれません。

ではどうすればいいかというご相談ですが、「そっとしておいて」という娘さんの言葉を私からもお渡ししたいと思います。娘といっても、働いて一人で暮らす大人の女性。親が会社を辞めさせるなんてとんでもない。詮索《せんさく》するのも、どうかこれきりにしてあげてください。

もはや親がどうこうできる話ではない。気のすむまで人を愛し、そして傷つけばいいのです。それが娘さんが覚悟の上で選びとった人生なのですから。

でも時がたって戻ってきたなら、そのときは何も聞かずに迎えてあげてください。なんだか、娘さんが乗り移ってしまったみたいな答えでごめんなさい。

知人女性妻にない魅力

2013.9.3

公務員を退職した60代男性。妻と二人で旅行や趣味を楽しむ夢を抱いてきましたが、それを打ち砕かれむなしいです。

妻とは見合い結婚でした。妻が彼女の兄弟に「給料を持ってきてくれれば多少のことは目をつぶる」と話したのを聞いて、私の気持ちが離れ始めました。

妻はわがままで家事が嫌いです。すぐに感情的になるので話し合いもできません。離婚しなかったのは、子どもがいて、私の両親を介護してくれたから。

そんな中、二年前にサークルで一人の女性と知り合いました。彼女は職業人で、妻、母としても輝いていて、さらに美しくあろうと努力する女性。私の一方的な恋で、彼女は気づいていません。一人の女性に心から恋すると他の女性は一切目に入らなくなる経験を初めて味わいました。

妻が美しく装うことはなく旅行や外食に誘っても応じません。ますますサークルの仲間にひかれていく気持ちをどう整理すべきでしょうか。（青森・K夫）

❖ ❖ ❖ ❖ ❖

あなたはずるい人です。奥様に対する愚痴を延々と書いておられるので、離婚のご相談かと思いきや、サークルに気になる女性がいるという話。自分がよその女性に目がいったのは、妻に責任があるといわんばかりの論法です。

あなたは想像力にも欠けています。自分のいっていることが、彼女に対してもかなり失礼であることに気づいていません。好きになられるにしても、あなたに引き換えうちの妻は、と妻の悪口を聞かされる身になってみてください。妻に不満があるから私を好きになったのか、私は現実逃避の相手なのか、と複雑な気分になるにちがいありません。

妻がどうであれ、彼女が好きになったのではないですか。彼女の長所にばかり目がいくのも、それがこれまで意識したこともなかった女性らしさだったからではありませんか。

人を好きになるのに、妻をおとしめないでください。女性は妻と比べられるのが大きらいです。不満のはけ口にされるのはもっときらいです。

あなたは恋に落ちたのです。罪悪感に苛《さいな》まれればよいのです。弁解無用です。

妹の国際結婚反対する父

2011.1.7

30代主婦。相談したいのは30代の妹のことです。妹は三年前から海外で働いており、そこで現地の自営業の男性と親しくなり、現在同居中です。

妹はその男性との結婚を望んでいますが、父が大反対しています。理由は、相手が日本人ではない、大学を出ていない、自営業で経済的に不安定――などです。

私と母はその男性と会いました。彼は礼儀正しく、大学を卒業していないとはいえ日本語など四カ国語を話し、自営業ですが現地では高所得だとわかりました。こうしたことを、私と母は父に何度も説明しましたが、父は納得しません。男性が来日しても、父は会おうとしませんでした。

親の承諾なしでも結婚はできますが、妹は

父の理解のうえで結婚したいと言います。相手の男性も親の許しが得られないなら結婚できないと悩んでいます。二人が祝福されて結婚するにはどうすればよいか。そのために私にできることはないでしょうか。

（神奈川・C子）

❖❖❖❖❖❖

妹さんの結婚が心配なのですね。自分のことのように心配してくれる母親と姉にはきっと妹さんも感謝していることでしょう。ただそのことがかえって妹さんを甘えさせていませんか。

世の中に娘の国際結婚を二つ返事で承諾する父親はそれほど多くないと思います。ましてや異国ですでに同居中となれば心穏やかでいられるはずがありません。学歴や職業といった条件面からも反対されているそうですが、大学を卒業してない「とはいえ」語学は堪能とか、自営業「ですが」高所得というように、男性の誠実な人柄や勤勉さを伝える前に、学歴や職業をマイナス要素として表現し、父親に反対する理由を与えてしまったあなたにも責任の一端はあるように思います。

妹さんの中にはまだ迷いが見え隠れしています。あなたは妹さんに、一人でも帰国して自分の言葉で男性への思いと結婚への決意を父親に伝えるよう促してください。他者に代弁させているようではいつまでも進展しません。それができるかどうかで、妹さんも自分の意志を確認できるはずです。

問われているのは結婚相手の条件ではなく、妹さんの覚悟です。

両親の不和思い出し憎悪

2011.10.20

？

30代の会社員男性。両親の過去の言動が憎くて憎くてやりきれません。

父は自分勝手でわがままな人で、育児や家事にも無関心。何かあると家族に八つ当たりしました。一方、母は常識知らずで世間知らず。口をきけば近所の悪口ばかりで、しかも同じ話を繰り返すので、うんざりでした。

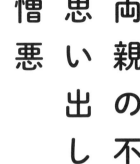

こんな家庭が円滑に回るはずはなく、ずっと家庭不和に悩まされてきました。両親のケンカは絶えず、とばっちりで私が虐待を受けることもありました。私は不登校になり、一時は自殺も考えるほどでした。

そんな私も結婚して家を出て、今は妻子と幸せに暮らしています。あんな情けない最低の親になってはいけないと心に誓い、頑張っています。ただ、我が子の成長していく姿を見るたび、自分の子ども時代を思い出し、悔しくてたまらなくなります。こんな思いをどうやって整理すればいいでしょうか。

（千葉・W男）

❖ ❖ ❖ ❖ ❖ ❖

両親の不和は子どもにとって生き地獄です。いまだに親が憎くてたまらないのも当然だろうと思います。

ただ、今はもう危害を加えられているわけではありません。あなたを苦しめるのは、あなた自身の記憶です。親を恨むとは、親にとらわれているということ。「情けない最低の親」という言葉は、そんな親に育てられた自分自身を突き刺します。

でも今のあなたには、あなたを救ってくれた妻子がいる。自殺を踏みとどまったあなたの勝利ではないですか。記憶に苦しむのは、この幸せを失いたくないからこそ。家族とその将来のためにも、親を変えるのではなく、自分を変えようと心に決めた。こうして手紙を書いたことも、親への執着を断ち切ろうという決意の表れではありませんか。

憎しみを愛に変えるのは困難でも、第三者の視点で客観視することならできるはず。あの夫婦はなんて幼く、世間知らずかと突き放す。不和の理由を知った日には、愛し愛されることのない、かわいそうな夫婦だと思えるかもしれません。

あなたの心の中の親のかたちが変化するにつれ、いたわりの気持ちも自《おの》ずと生まれてくるでしょう。そうして親離れは完了します。

昔の恋 感傷に浸る

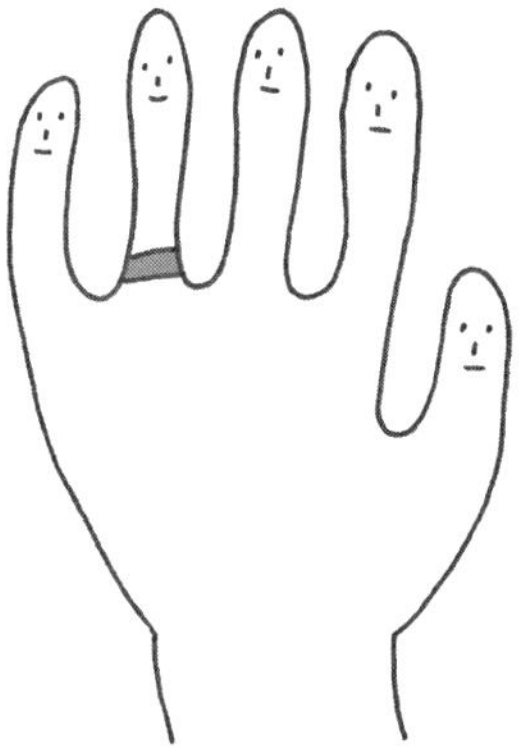

2012.1.12

50代前半の子どものいない専業主婦です。今も20代前半の頃に出会ったすてきな四人の男性のことが忘れられず、そのだれかと結婚していたらどうなっていただろうかと考えては胸がキュンとなり、困っています。

一人はひたすら優しく、一人は趣味が合い、一人はいわゆる三高、一人はまぶしいほどのルックスでした。でも、当時の私は、若くて理想が高く、彼らとの結婚を見送ってしまいました。

夫とは見合い結婚。この男性を逃したら一生結婚できないかも、という年齢でした。夫は短気で気難しいところがあり、当初は結婚を後悔もしました。でも、いつしか私を支えてくれるようになり、今は感謝しています。

左薬指を見てはありがたく思います。

この幸せをかみしめればいいのに、昔の男性との感傷に浸り、彼らと偶然出会えないかと考えてしまう自分がいます。今後の心のあり方を教えてください。（東京・Y子）

❖ ❖ ❖ ❖ ❖ ❖

40代後半の子どものいない自営業者です。今も20代の頃に出会ったすてきな男性を思い出し、あの人と結婚していたらどうなっていただろうと胸をキュンとさせています。
先日ふと魔が差して、その人の名前をインターネットで検索してしまいました。驚きました。はやりのソーシャルネットワークサービスに彼が自分のページを公開していたのです。勤務先や趣味、家族構成までわかりました。友人関係やスナップ写真も丸見えです。ああ見なければよかったと後悔しました。
さえないジャージー姿で豊かだった髪は薄くなり、話題といえばプロ野球や会社の愚痴ばかり。若いままの彼の姿を思い浮かべて感傷に浸っていた自分がおかしくて笑ってしまいました。そういう私だって白髪交じりのオバハン。まあ彼も元気そうでよかったわ。最後はそんな、ほほ笑ましい気持ちになりましたけれど。
さて、あなたは何をお望みですか。心のあり方というなら、心の中は自由ですとしかいいようがありません。無理に忘れる必要もありません。ただすてきな思い出を肴《さかな》に末永く楽しむためにも、くれぐれもネット検索はなさいませんよう。

ホストに恋する60代未亡人

2013.6.28

？

60代女性。夫を数年前に亡くし、30代の息子、娘と暮らしています。自分でもバカだと思うのですが、さみしさからホストクラブでお金を使ってしまいます。

四十年働いた退職金と夫の生命保険が入り、人生を楽しみたいとホストクラブに行きました。気がつけば26歳のホストに一〇〇万円くらい使いました。ディズニーランドやカラオケに行き、今まで味わったことのない時間を過ごしました。

子どもたちはやめろと言います。私が一方的に好きなだけで、彼にとってはただの客。手もつないでくれないのに、電話がくると会いたくなってしまうのです。彼は質素な暮らしで自活し、私の子らとは大違いです。

いずれ私は老人ホームに入るつもりですが、好きな人と支え合って暮らすのが望みです。性の喜びも味わいたい。結婚相談所に行きましたがダメでした。彼と会うのはやめます。でも、自分でもさまよっているのです。

（神奈川・A子）

❖❖❖❖❖❖

高齢者の恋愛やセックスを特集する雑誌がやたらと目につく今日この頃です。その多くが、まだ踏み出せずにいる人の背中を押すように、異性と出会うためのノウハウを提供するものですが、あなたはずいぶん先をいっておられる。結婚相談所に登録するだけでなく、ホストクラブに出かけ、息子より若い男性とデートまでなさった。欲望に忠実。大変な行動力です。

ただ気になるのは相当入れ込んでおられること。ストレス発散が目的だったのでしょうが、とうとう恋に落ちてしまいましたね。もう会わないとありますが、彼の電話一本で決意はもろくも崩れたのではないでしょうか。

ご承知のように、彼にとっては仕事です。質素な暮らしをしているというのも同情を引くための作り話でしょう。金の切れ目が縁の切れ目。この先、施設に入居するつもりなら、これ以上散財なさいませぬよう。

とはいえ、あなたのさまよう気持ち、批判はしません。年をとるってことはあきらめきれないということ。そんな歌がありましたっけ。正直、自由に生きていただきたいなあとも思うのです。年寄りの妄想といわれようと、それが、あなたの人生なのですから。

「高学歴で怖い」と女性に敬遠

2015.5.4

40代の公務員男性。高学歴であることを女性に敬遠され屈辱を感じています。

私が思いを寄せる職場の女性は、他の男性とは普通に話すのに、自分にはなかなか話し掛けてくれません。そこで、飲み会の場で思い切って私の印象を聞くと、「高学歴なので怖い人に感じる」との答えでした。また飲み会をしたいと誘ってみましたが、いい顔をされませんでした。

私は、旧帝国大学を卒業していますが、その女性は高校を卒業して採用されました。楽しそうに男性と談笑する姿を見るにつけ、なぜ高学歴がマイナスに働くのかと屈辱を感じました。

私は結婚相談所で婚活もしています。その

女性以上に魅力的な人を見つけ、見返してやればいいのかもしれませんが、そこでも高学歴があだになるのではと不安です。この屈辱感をどうすれば払拭《ふっしょく》できるでしょうか。

（大阪・R男）

❖❖❖❖❖❖

レッテルを貼られるのは確かに愉快とはいえませんが、彼女の境遇を想像すれば理解できない話ではありません。いや、ぼくは怖い人じゃないよと思うなら、「よくそう言われるんだけど、実は相当おっちょこちょいでね」なんて、意外な一面を告白すると彼女の心は和むでしょう。

　ところがあなたは彼女に辱《はずかし》められたといい、もっと魅力的な女性とつきあって見返したいといいます。さっきまでの好意がいきなり屈辱と仕返しですか。正直、私もあなたが怖いです。怖いのは学歴ではなく、学歴にとらわれているあなたです。大学を出ていない女性にプライドを傷つけられて過剰反応したのではありませんか。レッテルで思考停止しているのは、実はあなたも同じなのですよ。

　あなたぐらいの学歴をもつ人など世にごまんといます。あなたはその人数分の一にすぎません。もちろんそんなことはわかっているでしょう。だからこそあなたには、学歴以外に取りえはないという不安があるのではないかと思います。

　学歴という兜《かぶと》を脱いで楽になりましょう。あなたにも他の誰にもない長所があるはず。それを大切にしていれば、あなたを学歴という物差しで測らない人はきっと現れます。

「一夜限り」の繰り返し

2009.3.23

？

20代前半の女性。特定の恋人はいません。さまざまな男性と一夜限りの関係を持ってしまうことに悩んでいます。好意を持っている男性も、何とも思っていない男性も。要は、相手は誰でもいいのです。

私はとてもさみしがり屋で、心のすき間を男性関係で埋めようとしてしまいます。流されやすく「まあ、いいか」「どうでもいいや」となってしまい、必ず後悔と罪悪感と自己嫌悪に襲われます。残るのはむなしさだけ。心も体も傷つき、「こんなこと、もうやめよう」と思うのですが、同じことを繰り返してしまいます。

幸せになりたい気持ちはあります。一人の男性に愛され、愛したいと望んでいます。しかし逆の方向に行動してしまう。本当は愛されるのが怖いのかも。自分で自分がわかりません。赤裸々な悩みなので手紙を出すのを迷いに迷いました。でも偽りはありません。読んでいただきありがとうございました。

（東京・D子）

❖❖❖❖❖❖

さみしさを一時の異性関係で埋めようとする衝動は、人間ならだれにでもあります。これまで多くの小説や映画が描いてきましたが、私は、そんなゆきずりの関係から始まる本当の恋愛もあると思っています。

これまで会った男性の中に、もう一度会いたいと思った人はいませんでしたか。いつもと少し違う感じがした人はいませんでしたか。自分の気持ちを大切にしてください。そうすれば、二度、三度と会いたい人が現れるはずです。素直に自分の感情に向き合うことができれば、たとえその恋が失敗に終わったとしても、あなたは昨日より豊かな人になっているでしょう。

あなたには、男性を心の底から信じられない理由があるのかもしれません。手紙には書かれていなかったのですが、うすうす自分で気づいておられるのではないでしょうか。

理由がなんであれ、勇気をもって手紙をくださったのです。自分が繰り返していることをなんとかして断ち切りたいという、あなたの意志を受け止めた人間がいることを忘れないでください。あなたはすでに、一歩踏み出しているのです。

顔の老化
気になる
40代女性

2014.9.30

40代半ばの女性。医療事務の仕事をしています。顔の老化が気になって仕方がありません。

仕事柄、同年代の方とも接する機会が多いのですが、自分と比べてしまいます。私は顔のシワが多く、実年齢より老けて見えると思うのです。

エステティックサロンに行ってみたり、価格が高めの化粧品を使ったり、自分なりに努力はしてみています。しかし、改善はされません。

美容整形というのも考えますが、一度、やってしまうと、やり続けないといけなくなるのがわかっているので、できません。

どうしたらあきらめがつくでしょうか。

芸能人で、同年代の方なのに、シワがない

人をみると、うらやましくてたまりません。

くだらない相談で申し訳ありませんが、よろしくお願いします。（千葉・T子）

❖ ❖ ❖ ❖ ❖ ❖

「シワ目立つ　女優の顔に　安心感」。昨年、「デジタル放送推進協会が「デジタルテレビ」をお題に募集した、第一回Ｄｐａ川柳の応募作です。画質が向上して出演者のシワやシミ、肌のつやまではっきり見えるようになり、ほっとした視聴者の気持ちがよく表れていますね。世の夫たちも、妻を責められないと思ったことでしょう。

どんなに美しい女優さんも年をとればシワやシミができます。若い人でも体調によっては肌のつやが悪くなる。画質が今ほどよくなかった頃はわからなかったことです。最近は技術が進歩し、広告や雑誌のグラビアなどは大半が修整されていると言われています。美容に全力投球している女優さんでさえそうなのですから、40代半ばの一般人にシワがあって何の不思議がありましょう。

ただあなたのご相談はどうすれば若返るかではなく、どうすればあきらめがつくかですよね。

本を読んで内面を磨けばそのうち気にしなくなると言いたいところですが、ここはあえてエールを送りましょう。

あきらめる、その心こそ老化の原因。今からでも遅くない。よく歩き、よく遊び、よく食べて、ついでに飲んで、よく寝よう。これにまさる美容法なし！

30年前に夫が浮気 今も苦痛

2014.7.27

?

50代主婦。私が長女を妊娠していた三十年前の、夫の浮気が今も許せません。

去年、夫が病院で女性の看護師と親しく話す姿を見て、かつての地獄のような記憶が戻ってきました。

夫の帰りはいつも夜中でした。何度も泊まったこともあり、聞いたら、会社の皆で行ったと一言だけ。堂々と相手の女性との関係を半年ほど続け、女性は中絶もしたようです。

その女性は、今も同じ町に住んでいて買い物などで見かけます。車ですれ違うだけでも平常心でいられません。夫を信じられず、少しのことで疑ってしまいます。子どもに迷惑をかけると思うと実家に帰る勇気がでません。浮気と知っていたのに問いつめず、我慢してしまった自分を後悔しています。
過去ではなく前を向いてと思いますが、腹が立ってどうにかなりそうです。

（埼玉・R子）

❖❖❖❖❖❖

三十年前、あなたは夫の浮気を問いたださなかったのですね。自分さえ辛抱すれば波風は立たないと考えて感情に蓋《ふた》をしたのですね。

さぞかし苦しかったでしょう。相手の女性をとことん憎むことができればよかったのでしょうが、憎しみは夫への怒りとなって跳ね返り、結局そんな夫と結婚した自分の情けなさを思い知らされてしまう。あなたは出口なしの悲憤を抱えて今日まで生きてこられたのです。しかもその女性が近所にいるだなんて、時に癒されるどころか傷口に塩を塗り込められているようなものではありませんか。

いまだに夫を信用できないのは、あなたが自分の心に真正面から向き合おうとしなかったから。夫に裏切られて傷つかない妻はいません。何よりまず、自分が深い傷を負っていることを知ってください。そして夫に怒りをぶつけ、すべてお見通しであったことをわからせてやりましょう。

不倫の慰謝料請求権はすでに時効ですが、離婚を望むならば弁護士に相談してください。娘さんは理解してくれるはずです。

前を向くとは、自分の人生を生きることです。あなたの未来に夫は存在していますか。未来のあなたはまだ自己憐憫《れんびん》の涙を流していますか。

大学生の息子 同性愛告白

2009.11.22

？

40代女性。大学生の息子のことで悩んでいます。小さい頃から優しく、親バカですが、イケメンで女の子からも人気でした。一年前、そんな息子から同性愛者だと打ち明けられました。息子は涙を浮かべ、「将来結婚して子どもを持つようなことはないから」と言いました。私はしばらく涙に暮れましたが、私が悲しむことは息子を否定すること。気持ちを切り替えようと思います。

息子は「後悔しないで生きていく。大丈夫、母さんが知っていてくれるだけでいい」と申します。でも、本当にこれでいいのでしょうか。息子の希望で他の家族には知らせていません。カミングアウト（公表）の意思もないようです。

息子は今、難しい資格の取得を目指していますが、将来幸せに生きていけるのでしょうか。独りぼっちでさみしい人生を送るのではと心配です。母親のせいではと自分を責めてしまいます。どうか助言をお願いします。

（東京・E子）

❖❖❖❖❖

息子さんの将来を案ずるお気持ち、お察しいたします。

正確な統計はありませんが、いつの時代にも同性愛者は必ず一定の比率でいます。芸能界や接客業だけでなく、会社員やフリーランスで働く人などさまざまです。理解者が増えたとはいえ、世間の風当たりはまだ強い。異性と結婚し、子どもをつくったあとで、カミングアウトについて悩み苦しむ方もおられます。息子さんもあなたに打ち明けるには、大変な決意が必要だったと思います。でも、あなたならわかってくれると信じた。息子さんはあなたという理解者を得て、勇気百倍だったことでしょう。

性的指向は変えられません。親が自分を責めることでもありません。息子さんの幸せは息子さんが自分でつかむもの。あなたにできることは最後まで息子さんの味方でいること。努力を認め、応援団であり続けることではないでしょうか。

あなた自身、息子さんを通してもっと多様な生き方、さまざまな価値観の存在に目を開かれ、強くなれるでしょう。それは息子さんからの、すばらしい人生の贈り物だと思います。

知人が玉の輿……無力感

2009.3.17

？

30代独身女性。子どものころから良い大学、良い会社が目標でした。しかしバブル崩壊で就職氷河期となり、思うような会社に入れませんでした。働きながら資格を取りましたが、このご時世、資格を生かす仕事ができません。結婚も考え始めましたが、「結婚＝妥協」に思えます。

そんなとき、知人の女性が玉の輿《こし》に乗りました。彼女は器量も学歴もそれほどではありません。彼女より魅力的な女性は多くいるのに、なぜ彼女がと納得できません。世の中には運の良い人と悪い人がいるんでしょう。

私は人をうらやむのは卑しいと思い、「人は人、自分は自分」と努力してきました。しかし私の小さな望みはかなわず、知人は幸せをつかみました。私の人生はいったいなんだったのだろうと無力感に襲われ、努力が虚《むな》しく思えてきました。

幸せな人を見るのもつらい。こんな世の中で、どうすれば希望を持って生きていけるのでしょうか。（B子）

❖ ❖ ❖ ❖ ❖

知人の吉報。これほど複雑な思いになるものはありませんよね。よりにもよってなぜ彼女が、と腹立たしく、嫉妬《しっと》に苦しみます。

実は、私もそうでした。人に相談できなかったので、引きこもって自分に向き合うしかありませんでした。しんどいです、これは。負のスパイラル状態です。でも、それも次第にいやになってくる。飽きるんです。自分、自分って、どれだけのもんかって。すると、人をうらやむ気持ちがどこからくるのかに気づいて、少し楽になりました。正体は、根拠のない優越感でした。

あなたは優秀な方のようです。仕事や結婚がうまくいかないのはすべて時代と運のせいと考えています。でも、本当にそれだけでしょうか。結婚は妥協といいながら、彼女をうらやむのはなぜですか。世の中、仕事以外に生きる目標をもっている人はいないと思いますか。

運、不運はあります。ただ、そこからチャンスをつかめるのは、ほんの些《さ》細《さい》なことに感謝の気持ちをもてたときのように思います。最近だれに、何に、感謝しましたか。それを冷静に見つめるところから始めてみてはどうでしょうか。

派遣先のやっかいな同僚3人

2009.9.7

?

40代派遣社員。悩みは同僚三人への対処法。派遣同士、波風を立てたくないし、協力しなければならない場面も多いのですが、これまでつきあったこともないような人たちなのです。

A子さんは少し年下。仕事をしながら、一日中、不平不満を周囲にまき散らしています。そばにいると本当に不快。B子さんは若い頃は職場のリーダーだったらしく偉そうに話します。自慢話にはあきれてしまいます。C子さんは一見穏やかですが、自分の得になるかどうかをしっかり見定めて人とつきあいます。「陰ひなた」があるのです。

私自身はマイペースな人間。すきを見せないようにしているので、三人にしてみれば、つきあいにくいかもしれませんが……。

こんな人間関係で眠れなくなり、辞めたくなることも。「相手は変わらない」と知っていますので、私の対応の仕方、または心の持ちようについて、助言をお願いします。

（福岡・D子）

「派遣社員物語」と題するテレビドラマができそうなほど濃厚なキャラクターをもつ人たちですね。だまって我慢していたら、こちらまで負のエネルギーに侵食されてしまいそうです。

にもかかわらず、相手は変わらないだろうから自分を変えようという、あなたの心の持ち方に感服しました。人生案内など必要ない。ご自身をしっかりとお持ちでいらっしゃいます。ですので、私ならどうするか、という視点で考えてみたのですが、結局、マイペースを貫くというあなたの対処法に勝るものはないように思いました。

職場の自分は仮の姿と考え、必要最低限の会話だけ交わし、仕事に集中する。家族や友人と食事したり、たまには旅行したりして心身を解放し、ストレスを翌日に持ち越さない。意識的にやらなければ続かないので、自己管理の一つとしてスケジュールに組み込んでしまうとよいと思います。

ちなみに私のストレス解消法は、縄跳びです。最近ようやく小学生時代の感覚を取り戻し、連続二重跳びに成功しました。近隣からは変なおばさんと思われてますが、気にしません。

15歳女子
失恋して
自己嫌悪

2014.11.30

15歳の女子。ずっと片思いだった幼なじみにふられ、落ち込んでいます。ふられてからというもの、私は容姿もダメで性格も悪いし、何の魅力もないのかなと自己嫌悪の状態です。

最近、私のクラスでは、カップルが急増しています。カップル誕生の情報を聞いたり、幸せそうにしている友だちの姿を見たりすると、つい嫉妬《しっと》してしまいます。素直に心から喜んであげることができず、嫉妬なんかしてしまう自分が嫌で嫌で仕方ありません。

そして、「私なんかには、一生出会いなんてないだろう」とか、「あの子みたいに容姿に自信はないし」などと考えてしまいます。「どうせ私なんか、私なんか……」と悲しくなってきます。

早く、この悪循環から抜け出して、素直に人の幸せを喜んであげられるような人間になりたいです。どうすれば、自分に自信が持てるようになるでしょうか。（福岡・I子）

❖ ❖ ❖ ❖ ❖

失恋の悲しみは一生続くわけではありません。あなたを愛してくれる人との出会いは必ずある。その人は幼なじみよりずっといい男。だから元気を出して前を向いて、なーんて言うと思ったら大間違い。

あなたには絶望が足りません。考えてみてください。あなたの世界にはこれまで彼しかいなかったのです。そんなたった一人の人があなたの思いに応《こた》えてくれなかった。こんな悲しいことがほかにあるでしょうか。世界終了。心にぽっかり穴があいて当然です。

それなのにあなたは自分の感情をごまかしている。ずるい。逃げてます。

幸せそうなカップルを素直に心から喜んであげたいですと？ きれいごと言っちゃあいけません。他人に嫉妬するのは、彼らと自分は同等だと思っている証拠。あなたはまだまだどん底を知らないということです。

悔しかったら泣いて泣いて、みっともないぐらい泣きましょう。これ以上落ちるところはないところまで落ちれば、あとは上を向くしかなくなります。不思議なことにスッキリします。

高校生の時、勇気を振り絞って告白したのに手痛いふられ方をした者として、一言申し上げました。

15歳女子 携帯持つべきか迷う

2013.3.20

この春、中学を卒業した15歳女子です。携帯電話を持つべきか、持たないべきか迷っています。

私の家族の中で携帯を持っているのは、母一人だけです。私は高校に進学しても持つ必要はないと思っています。

ただ、今は携帯を持つのが当たり前の時代です。クラスメートから、今どき携帯を持っていないなんて「時代遅れの変わり者」「引いてしまう」という意見を聞きました。

携帯を持つメリットは、いつでもどこでも会話やメールができて便利、安心という点です。一方、夜遅くまで友だちとメールをしてしまう、料金がかかる、相手の表情が見えず、本当の気持ちがわからない点がデメリットとしてあげられます。

同級生の友だちから「進む高校は違っても携帯で連絡を取ろうよ」と言われました。母は、勉強や部活に忙しい中で、連絡を取り合うのは、お互いに疲れてしまうのではと言います。私も母と同じ考えなのですが、携帯電話を持つべきですか。携帯電話がなくても高校で友だちができるのかどうか心配です。

（千葉・R子）

❖ ❖ ❖ ❖ ❖ ❖

メリットとデメリットを挙げ、他者の意見に耳を傾け、冷静かつ客観的に考える科学的思考の持ち主であるあなたなら、自分の中にすでに答えがあることでしょう。友だちになれるかどうか、友だちであり続けられるかどうかは、携帯電話という道具に左右されるものではありません。

ただ、携帯を使う人が大半となった社会では、携帯にしか流れない情報があるために、使わない人が疎外される危険性があるのは確かです。仲間内や学校の情報だけでなく、商品や防災の情報など多岐にわたります。私は以前、飛行機が欠航したため別の航空券を携帯で買った際、カウンター前の長い行列を見て申し訳ない気持ちになりました。インターネットを用いた選挙運動が近く解禁されそうなことも気になります。

持たないでいる自由を保持しつつ、どんな情報が流れているか概要は把握しておく。その情報が自分にも必要と感じた時に初めて持つことにしてはどうでしょう。賢明なあなたなら、道具に使われない使い方ができるはずですから。

14歳女子「なんてブスな私」

2015.3.30

？

14歳の女子。私は醜い。そんな感情ばかりが頭の中をぐるぐる回っている。

外へ出れば同年代の子がかわいい服を着て楽しそうにしている。私は劣等感を感じ家に戻る。外出時はなるべくブサイクが隠れるようにしている。家族や友人は「誰もそんなに見てないから大丈夫だよ」と言う。いや、あんたらブスを見て笑ってんじゃん、と思う。

私みたいなブスがかわいい服を着ても……と思いオシャレはできない。自分を長時間見ることに耐えられず化粧もできない。

いくら性格を良くしようと、勉強を頑張ろうと、この顔が変わることはない。そう思うと、何をするにもやる気がなくなり、全てがおっくうになる。

なんでこんなに私は醜いんだ、死にたい、と布団にもぐって泣いている。こんな日々がこの先何十年も続くのかと思うと、とても恐ろしい。（R子）

❖ ❖ ❖ ❖ ❖ ❖

怖い怖いと思っていると枯れすすきも幽霊に見えます。私はブスだブスだと思っていると何をしてもブスに見えてしまいます。

かわいい服は着ない。化粧もしない。性格を良くしようと思わないし、勉強を頑張ろうとも思わない。だって私はブスだから。「私はブス」という呪文はあなたの願望や行動にブレーキをかける悪魔のようです。

だいたいあなたの手紙は相談文ではない。どうせ答えられないでしょ、とこちらを拒絶している。この出口なしの洞窟から抜け出すには強い意志が必要です。簡単ではない。

でもあなたはできる。他人と比べてしまうのは、魅力的な女性になりたいという願望が人一倍強い証拠だから。要するに負けず嫌いなのです。思い当たるふしはありませんか。家族や友人の一言に傷ついた、それとも男子に揶揄《やゆ》されたのでしょうか。死にたくなるほど勝ちたいから負けが大きな傷になる。その負のエネルギーを行動に変えたら凄《すさ》まじい力を発揮するはず。

体が変化する思春期には多くの人が同じように悩みます。つまり時が経てば変化する。そこそこで割り切るのも前進。いや、そもそも思い違いの可能性だってある。未来を先取りして悩んだら鬼が笑います。

人の目気になる高一

2011.2.4

？

高校一年生の女子。人の目や、人からの評価を気にしてしまうのが悩みです。

学級の係の仕事などで自分が少しミスしただけで、「周りはみんな私を笑っているにちがいない」などと考えてしまいます。

特に気になるのは、合唱部の部活動です。「自分が失敗したら、みんなの足を引っ張る。それで大会を勝ち進めなかったら、先輩は私を恨むだろう」と考え、普段の練習ではうまく歌えるのに、本番は全然できません。

実際は、周囲の人はとても親切です。だから余計に、そんなみんなを疑ったり、信じられなかったりする自分に嫌気がさします。

たぶん私は、能力は大したことない割にプライドが高いのだと思います。だから「ミスをする、イコール人から見下される」と考えてしまうのでしょう。どうしたら、高いプライドを引っ込めて、人の目を気にせずに生活できるようになれますか。（群馬・E美）

❖❖❖❖❖❖

部活に真剣に取り組んでいますね。お手紙から真っ先に伝わってきたのはその熱意です。退部は考えていないからこそ、なおさら悩みは深いのだと思います。

他人の評価が気になるのは、あなたが自分の居場所を見つけ、そこで精いっぱい自己表現したいと思い始めた証拠なのです。表現したら周囲に認めてもらいたくなるのは、とても自然な感情です。自分を追い詰めることで、がんばろうというエネルギーも湧き上がります。

ただ、その思いが強すぎると、「完璧な私」という理想像に縛られて身動きがとれなくなります。特に、人目が気になり始める思春期には、誰もが一度は経験することです。人を疑ったり自己評価が揺れ動いたりするのも、そんな窮屈で不安定な心の仕業なのです。

練習ではうまくできるのだから、もっと自分を信じてください。自分を信じられないのに、他人を信じることなどできません。自分の失敗を認めることができて初めて、他人の失敗を許せる強く優しい人になれるのです。

あなたが今、部活で手にしようとしているのは、生きる力です。かけがえのない時間を大切に。

振った彼を忘れられない

2015.1.21

20代の女子大学生。好きだった人への思いが断ちきれません。

彼とは最初は友だちでしたが、誠実なところにひかれて会うようになりました。ただ半年たっても煮え切らないため、メールで「私のことどう思っているの？」と聞くと、「一緒にいて楽しいし好きだよ」と返事がありました。

しかし、その後もただ会うだけで進展がなく、私はメールで突き放すようなことを書いて連絡を絶ってしまいました。彼からも返信はなく「好きではなかったのだ」と理解しました。初めて恋愛で悲しい思いをして泣きました。

そんな私に最近、優しくしてくれる人がいます。ずっと私のことを思っていてくれた、いい人です。それなのに、前の彼と比べてしまいます。会いたいと思ってしまうのです。

新しい恋に踏み出せず、彼を忘れたい思いと会いたい思いで頭がいっぱいになり、つらいです。この気持ちとどう向き合えばいいでしょうか。（東京・E子）

❖❖❖❖❖

自分から好きと言わずに相手の腹に探りを入れる。誠実な返事をもらったのに手のひらを返すように突き放す。彼がどれだけ傷ついたかなど想像もせず、向こうが連絡してこないのだから私のことは好きではなかったのだと決めつける。

今度は自分を好きだと言ってくれる人が現れた。いい人だけど、前の彼のほうがよかったのではないか。やっぱり彼が好きだったのだ。どうしたらよいか。あなたのご相談はつまり、こういうことです。

お気づきでしょうか。あなたは常に上位にいます。告白するのは相手で、選ぶのは自分。初めから相手に選択肢はありません。ここへ相談するのも、新しい男性をキープしたまま。切るも切らぬも回答をもらってからという魂胆《こんたん》です。これではいずれ痛い目に遭いますよ。あなたの周りに誰もいなくなるでしょう。

でも今日、自分がどれだけプライドの高い人間であるかを知っていただけたと思います。ならば明日から変わることはできますね。厳しいことを言いましたが、恋の駆け引きも自分を知ってこそ。いい女になってください。

20代女性　会話が苦手

2010.8.30

20代女性。内向的な性格で、人と顔を合わせて会話するのがとても苦手です。

仕事仲間や友だちが楽しく話をしていても、なかなかその輪に入っていくことができず、一歩引いて話を聞いていることが多いです。頑張って輪に入っても、話すタイミングがつかめず、いつの間にか聞いているだけになっています。みなが大笑いしていても同じように盛り上がれず、疲れてしまうのです。周囲との溝を感じてしまいます。

かといって、休憩時間に同僚と二人きりで話すのはさらに苦手。気まずい雰囲気になります。何を話そうかと考えてばかりいますが、いざ話そうとすると緊張して言葉を発することができません。ですから休憩時間も気が休まらないです。

　いじめられているのではありません。話しかけてくれる人には申し訳なく思います。こんな私といてもつまらないでしょう。誰とでも自然に話せるようになりたいです。


（東京・S子）

❖ ❖ ❖ ❖ ❖ ❖

まるで私みたいだなあと思いました。実は私も、人と話をするのが苦手です。周囲が盛り上がると、自分だけすぅーっと暗い穴ぼこに入り込んだみたいな気分になります。いっそ一人のほうが気が楽です。

　でも、それでは社会人として生きにくい。そこでどうしたかといいますと、自分から必死になってテーマを探すのではなく、相手の話に耳を傾け、興味を持ったことや疑問に思ったこと、もっとその先を知りたいと感じたことを質問してみようと思ったのです。

　会話は話す人と聞く人がいて成立します。一方ばかりに偏ると、関係にストレスが生じます。でも中には、話すのは苦手だけど聞くのは苦ではないという人もいます。質問されると、相手は喜んで答えてくれますし、逆にあなたはどう思うのかと尋ねてくれます。そのとき初めて、自分の考えを話せばいい。そうすれば意識せずとも、やがて自然なコミュニケーションに落ち着いていくでしょう。

　私はそんなふうに会話を楽しむようになり、インタビューして書く、ノンフィクションライターという職に就きました。参考にしていただければ幸いです。

つい差別してしまう13歳

2015.7.4

13歳の女子中学生。人間関係における「差別」で悩んでいます。

私は、ある女子のことが苦手です。彼女は周りの人からもあまり好かれていません。ケンカをして泣いたり、係の仕事をしなかったりすることがあるからです。

私は、あからさまに彼女に嫌がらせをしたり、悪口を言ったりしませんが、なるべく関わらないようにしています。たまに、どうしても話したくない時があって、彼女に話しかけられても無視してしまうことがあります（無視するというのは、嫌がらせと同じかもしれません）。

「差別はダメだ」と思っていて、心の中で自分に言い聞かせているのですが、なかなか直りません。

私は彼女と「仲よくなりたい」のではなく、「他の人と同じように差別しないで接したい」のです。でも、どうしたらよいかわかりません。（千葉・W子）

❖ ❖ ❖ ❖ ❖

よほどの聖人でもない限り、人は人を差別します。差別のない社会はありません。性、人種、病気、収入、家柄、結婚、学歴、職業など、あらゆるところで差別が行われています。エスカレートすれば、犯罪や暴動、戦争を引き起こすこともあります。

あなたの悩みはそのような人間の本性と、差別はいけないことで、世の中から撲滅しなければならないという道徳規範との葛藤から生ずるものです。実際のところ、差別をしてもかまわないと考える人はそういません。でも差別してしまう。この二《に》律《りつ》背《はい》反《はん》な状況に陥っているのが私たち人間といえます。

最もたちが悪いのは無自覚な差別です。みんなが避けているからなんとなく自分も避ける。みんなが無視するから自分も無視する。付《ふ》和《わ》雷《らい》同《どう》の態度は不幸な結果を招くこともあります。

でも、13歳にしてあなたはすでに差別を乗り越えようとしています。なぜなら、自分がどんな時にどんな差別をしたかを記憶し、本当は目を背けておきたいはずの自分の醜い感情を冷静に観察しているからです。あなたのような人が一人でも増えることが、いざという時に最悪の事態を防ぐための力となります。勇気をもってください。

第一志望諦めた自分に怒り

2011.6.7

男子大学生。今春、地元の国立大に入学しましたが、第一志望の大学を受験せずに諦《あきら》めたことを、いまだに悔やんでいます。

　高校では第一志望への合格を最優先とし、平日五時間、休日十二時間の勉強を続けました。しかし、センター試験では、第一志望の合格ラインより一割低い点数しか取れませんでした。

　浪人も覚悟しました。でも、私の高校は学費の高い私立。両親は高齢で、今後収入が厳しくなるのに、浪人中の教育費や、県外の第一志望に行った場合の生活費を負担させられないなどと考えました。結局、断腸の思いでランクを下げ、受験校を変えました。

　その大学の合格に両親は喜びましたが、自

分の意志を貫けず、敵前逃亡を図ったことを許せません。

　いつまでも悔やまず、今ある環境の中でベストを尽くすべきだとはわかっています。でもふとした拍子に自分への怒りが湧いてくるのです。これから自分とどう向き合っていけばいいでしょうか。（K男）

❖❖❖❖❖

　手紙に「自分の意志を貫けず、敵前逃亡を図った」とありました。今の大学が不満なのではなく、闘いもせずに妥協した自分が許せない。怒りの矛先《ほこさき》は自分。正しく悩んでいると思います。

　ならば答えはとても簡単。第一志望の大学を受験すればいいのです。浪人中の教育費が心配ですか。合格できても学費や諸経費に不安がありますか。息子の一大決意です。両親はきっと応援してくれます。親の援助が得られなくても奨学金を申請し、働いて返済すればいい。そうやって頑張っている学生は全国にたくさんいます。リスクのないところに成功はありません。

　その決心がつかないというなら、明日から気持ちを切り替えなさい。社会に出れば大学受験よりはるかに険しく高い壁が待ち受けています。挑むべき対象は次々と現れます。そのときこそ、今度は逃げないぞと腹の底に力を入れ、気がすむまで闘えばいいのです。ベストを尽くしたならば、たとえ敗れても、あなたは怒りとは異なる感情を手にするでしょう。誰もあなたを止めません。すべてはあなたの意志なのです。

資格取ったが転職に不安

2011.12.20

就職活動中の20代後半、無職女性。
自分の能力に自信が持てず、不安で
押しつぶされそうです。

昨年、合格率が九％という国家資格の試験に合格しました。当時は会社勤めをしていましたが、合格したら、その資格を生かした職に就こうと考えていたので、半年前に会社を退職しました。でも、いまだに内定を得られないままです。

面接などでその資格に関係する業界の人と会い、話を聞くにつれ、「その業界でやっていけるのか」という不安が高まっています。

自分の欠点のなかでも深刻なのが、頭の回転が遅いこととパニックに陥りやすいことです。その業界で働く人たちのようにはうまくいかず、顧客に迷惑をかけたり、組織に損害を与えたりするのでは、と悪い想像ばかりしてしまいます。

不安や自信のなさを払拭《ふっしょく》するのは難しいとしても、それをうまく抑制するには、どうすればいいでしょうか。（栃木・T子）

❖ ❖ ❖ ❖ ❖

厳しい国家試験をみごと突破されたのですね。懸命に努力されてきたことは手紙から伝わってきます。

ただ、業界の実情を知るにつれ不安が高まっている様子。頭の回転が遅いことやパニックに陥りやすいことが仕事に差し支えるのではないか、と心配なのですね。

医師や弁護士など国家資格をもつ知人がいますが、みんな資格は出発点にすぎないといいます。現場で経験を積み、先輩の後ろ姿を見ながら試行錯誤し、プロとしての働き方を身につけます。適度の不安や緊張感があるほうが作業効率は上がるという人もいます。あまり大きな声ではいえませんが、失敗の二つや三つ、誰にでもあるそうです。

ただ、仕事中パニックになったら困りますね。私もそうなんです。だから仕事相手に会う前はゆっくりおなかで深呼吸し、大丈夫だよと自分に語りかけて気持ちを落ち着かせます。話がわかりにくいときは、相手の言葉を繰り返しながら「〇〇ということですか」と確認して考える時間を稼ぎます。

まだ何も始まっておらず、まだ何も失敗していません。今日はなんとかできたという小さな成功の積み重ねが、やがて自信につながるのだと思います。

彼と別れ後悔、就活できない

2012.9.20

？

20代の大学生。三年以上つきあった彼と、最近別れました。でも彼を忘れられず、毎晩泣いています。

別れた理由は、就職活動が始まり、自分のことで手いっぱいになったからです。気持ちを新たに頑張ろうと思いましたが、実際は就職活動も手につかない状態が続いています。自分の弱さから、彼と元の状態に戻りたい気になってきています。

別れる際、母親や友人に相談し、多くの時間を割いてもらいました。そうして別れを決めたのに、またよりを戻したいと言ったら嫌われるかもと思いつつ、先日また友人に相談しました。でも「さみしさを埋めたいだけで、彼が本当にあなたに必要なのかはわからない。もうしばらく時間をおくべきだ」と言われました。

けれども、私は今の気持ちが変わると思えません。自分の心に正直になるべきか、友人の言うとおり時間をおいた方がいいのか。アドバイスをお願いします。（東京・T子）

❖ ❖ ❖ ❖ ❖

就職活動で忙しいから彼と別れたというのに、いざ別れてみたら、彼が忘れられなくて就職活動ができなくなってしまった。ずいぶん悔やんでいる様子ですね。

それもこれも、あなたが自分で別れを決断したわけではなかったからではないかと思うのですが、いかがですか。彼がどんな人なのか手紙ではわかりませんが、第三者を巻き込んで話し合ったくらいですから、よほどあなたを振り回すとか、傷つける人だったのでは。あなたは苦しさのあまり母親や友人にアドバイスを求めたのでしょうし、彼らも見るに見かねて別れを勧めたのでしょう。

見当はずれだったらごめんなさいね。ただ、本当に相手を大切に思う恋人同士ならば、次のステップに向かって努力している時こそ励まし合い、たとえ忙しくて会えなくても相手を信じて頑張れると思うのです。しばらく時間をおくべきだという友人のアドバイスは、一理あると感じます。

とはいえ、つきあうもつきあわぬもあなた自身。誰が何を言おうが自分の気持ちを貫くのも一つの前進です。同じ失敗を繰り返す危険性がないわけではありませんが、自己責任ならまだあきらめもつきます。

結婚願望のない自分に不安

2010.2.22

20代の女子大学生。ずっと結婚願望がなく、一人で自由気ままに暮らしたいと思ってきました。小学生の時から「生涯独身」「自立」を意識し、経済的に困ることのないよう勉学に励み、公務員を目指しています。

そもそもなぜ結婚願望がないのか――。幼い頃から両親の仲が冷え切っており、争いが絶えず経済的にも苦しい家庭でした。楽しい思い出がほとんどなく、「家庭」に対する恐怖と嫌悪感をぬぐいきれないのです。

ただ「本当にこれでいいのだろうか」とも思うのです。

今は友人に囲まれ、優しい恋人と楽しい時を過ごしていますが、周囲が結婚して家庭を持つと、おそらく孤独を感じるでしょう。そのことに耐える自信がなく不安を感じています。母にも「一生一人なんてさみしすぎる」と言われます。けれども昔の記憶がよみがえり、「家庭を持って不幸になるなら一人でいた方がいい」と思ってしまうのです。

（東京・S子）

❖ ❖ ❖ ❖ ❖ ❖

私の友人にも結婚願望のない若い女性がおります。いつどんな男性とめぐり合うかもわからないのにと言っても彼女には通じません。信仰に生涯を捧《ささ》げることを誓っているためです。

あなたの場合は宗教とは関係ありません。生まれ育った環境が原因で、家庭イコール不幸、という図式が刻印されてしまった。幼い頃から両親の不仲に傷つけられ、幸せな家庭という未来がうまく思い描けなくなったのです。生涯独身を貫くという考え方は、あなたが自ら選び取ったようにみえて、実は最初からほかの選択肢などなかったのではないですか。そうやって自分を守らねばならないほど悲しい思いをされてきたのだろう、と胸が痛みました。

幸せな結婚を、とは申しません。他者と暮らすのですから、幸も不幸もあるでしょう。ただ今このとき、その恋人を大切にすることはできますよね。もしこの先もその人と歩いていきたいという気持ちが生まれたら、ご自身の心と静かに向き合ってください。つらい過去がよみがえるでしょうが、あわてずにゆっくりと。苦しいのは、その気持ちこそがあなたの意志だからです。

学歴が理由でご両親に会えません

2009.2.24

？

20代の会社員女性。四年つきあっている彼は医学生。純粋で温かい人です。ただ他県にある彼の実家はお金持ちで、皆高学歴。私が短大卒なので交際を反対されており、ご両親にはお会いできていません。彼も反対されてから私のことは話題にしていないようです。彼は将来、地元に戻り医師になるつもり。私の父は彼に何度も会って人柄を気に入っていますが、私が嫁いで行くことについては「苦労する」と心配しています。

結婚は二人だけの問題ではありません。でも、お互い好意を持っているのに別れるなんてあきらめがつきません。

私は平凡な家庭で育ちましたが、信じる道を歩いてきました。早くに母を亡くし弟たちの面倒をみながら家事も担当。奨学金とアルバイトで短大進学し、友だちや彼に支えられて生きてきました。彼のご両親とは住む世界が違うので難しいかもしれませんが、どうすれば認めてもらえるのでしょうか。

（北海道・K子）

❖ ❖ ❖ ❖ ❖ ❖

あなたはすばらしい女性です。父親を支え、弟たちの母親代わりとなって懸命に生きてきた。あなた自身、多くの人に支えられてきたことに感謝の気持ちをもっている。彼があなたを好きになった理由が手紙を読むだけでわかりました。

あなたが言うように、結婚は二人だけの問題ではありません。でも、二人だけの問題でもあります。あなたはきっと、両親に毅《き》然《ぜん》とした態度をとれない彼にいら立っているのでしょうね。

彼がもし、両親が反対だからという理由で結婚に尻込みするようなら別れたほうがいい。でも、そうではないですよね。彼はあなたの父親には何度も会っている。本当にあなたを好きでなければできないことです。

ただ、彼はまだ若い。これから医療という厳しい世界へ踏み出さねばなりません。想像するに、彼はきっと時が来るのを待っているのです。家柄や学歴だけで人を判断するような薄っぺらな価値観しか持たない両親に、自信をもってものが言える人間になれる日を。

どうかその日まで、あなたも自分自身を高め、もっと強い女性になってください。あなたなら大丈夫。

醜い心 親友に 知られ疎遠

2015.2.5

20代の会社員女性。醜い心を親友に知られて以来、遠ざけられています。

高校生だった十二年前の話です。私は友だちのAが嫌いでした。私が男性と仲良くするだけで不機嫌になったりしたからです。笑っていても心では憎んでいました。

ある日、送るつもりのないメールに「お前は友だちでもなんでもない」などと気持ちをはき出しました。ところが操作を誤り、親友のBに送信してしまったのです。「ふざけて送ってしまった」と釈明しましたが、何年かして「私への悪口だと思ってショックで怖かった」と明かされました。

Bが私を遠ざけ、SNSでブロックしていると知った時は死にたい気持ちになりました。Aとの交流は続いていますが、会うたびに醜い自分を思い出します。Bとの関係を修復したいのですが、勘違いされたまま一生この罪を背負っていくしかないのでしょうか。

（群馬・S子）

❖ ❖ ❖ ❖ ❖ ❖

人は誰でも心の中に闇を抱えています。インターネットの匿名掲示板を読めば一目瞭然ですね。

でも、大半の人は闇を隠して生きています。日々を平穏に、波風を立てずに過ごすには、思っていることをそのまま伝えないほうがいい場合が多いからです。

十二年前、あなたは日頃のうっぷんを晴らそうと、Aに送るつもりのない文章を書きました。それ自体はよくある話です。嫌な人や腹が立つ人がいるのは、当たり前のことですからね。

ところがBがそれを読んでしまった。Bが見たのはあなたの闇。誰も知らないむき出しの感情でした。Bが「怖かった」のは、自分宛だと勘違いしたからではありません。見たくもないものを見てしまったからなのです。

Bは今もAとつき合うあなたを見るたび、そのメールを思い出すのでしょう。あなたには気の毒ですが、人間不信になっているかもしれません。言い訳をすればするほど逆効果です。

いいですね。ここは黙って待つのが賢明です。あなた方が酸《す》いも甘いもかみ分けられる成熟した人間になれた時、若気の至りだったと笑えるでしょう。雪解けは十年先かもしれない。でも、その日はきっと訪れます。

人間として魅力ある順に結婚？

2011.5.30

？

20代半ばの会社員男性。同僚が次々結婚し、独身として取り残され、悲しい思いをしています。

私の職場では20代での結婚が多く、最近も仲の良かった同期の女性や、直属の後輩の女性が結婚することになりました。彼女たちの相手は、それぞれ同じ職場の同期でした。

私には、結婚は人間として魅力のある順番にしていけるもの、という考えがあります。愛される価値のある人から先に結婚するのだと。だから、親しい女性が私のよく知る男性と結婚すると、「なぜ相手が僕ではないのだろう」「僕はあの男よりも魅力が劣っているんだ」などと考え、落ち込んでしまうのです。結婚した知人とは連絡を取らなくなることもあります。

私のプライドが高いだけとも思いますが、身近な人の結婚話には心中穏やかではいられません。この先、同僚などの結婚にどのような心持ちでいればいいでしょうか。

（神奈川・Y男）

❖ ❖ ❖ ❖ ❖ ❖

まだお若いのに取り残されるのが悲しいだなんて、なぜそんな結婚観をもつようになったのでしょうか。もしあなたが考えているような順番で人が結婚するなら、世の独身者はすべて愛される価値のない人間ばかりになってしまいます。

親しい女性が同僚と結婚するからといって、自分がその男性より劣っていると考えるのも論理の飛躍です。なぜ彼女が婚約者とあなたを比べる必要があるのですか。あなたが彼女を恋愛対象と考えてアプローチしたことがあったというならまだわかるのですが、そうではありませんね。

あなたはプライドが高いのではなく、きっとプライドが足りないのです。誇れる自分がないため周囲に振り回されてゆらゆらしてしまう。恋愛に踏みこめず、人の優れたところを素直に尊敬することもできない。交友関係を断ってしまうのも、そんな自分が歯がゆいからではありませんか。

本を読み、趣味やスポーツで視野と人間関係を広げ、結婚について思い悩む時間を減らすことも気持ちを楽にしますよ。職場だけが社会ではなく、結婚だけが人生ではありません。まずは一日も早く穏やかな日常を取り戻してください。

20代弟女性に不慣れで心配

2010.12.6

？

30代の独身女性。父は十年前に他界し、50代の母と暮らしています。一人暮らしをしている20代の弟に関する相談です。

弟は昔から体が弱くて小さく、子どもの頃から私とずっと一緒に遊んでいました。高校生になっても仲が良く、弟が就職して自宅を出るまでは、いつもきょうだい一緒が当たり前でした。

その弟は今、田舎の工場で働き、チーフの役職に就いています。私も弟もそろそろ結婚を考える時期ですが、自分よりも弟のことが心配なのです。

弟の勤務先の従業員は全員、現地採用のパートのようで、四年制大学卒の弟はパート職員にとって、あこがれの存在らしいのです。

弟は学生時代に女性とつきあった経験がないので、田舎の女性にいいように扱われているのではないか、と不安です。

他の女性と一緒にいることが、私には耐えられません。こんな私は心配性でしょうか。

（神奈川・T美）

❖❖❖❖❖

弟さんの女性関係が心配なのですね。独立されて何年になるのかお手紙からはわかりませんが、今になってあなたが相談なさるのは、何か気になることでもあったからでしょうか。

きょうだい仲がよいのは微笑《ほほえ》ましいことではありますが、心配性も度が過ぎると支配欲へと姿を変えます。もし弟さんが女性とのつきあいで痛手を負ったとしても、それは本人の責任。世間知らずだったことを反省なさるか、逆に新しい世界に踏み出せたと自信を持たれるかもしれません。

弟さんには弟さんの人生があります。今は自分から遠ざかっていくようでさみしさを感じてらっしゃるのかもしれませんが、いつまでも子ども扱いしていると、そのうちうっとうしがられますよ。そうならないためにも、あなたはご自分がどんな男性と結婚し、どんな家庭をもちたいのか、これを機会にゆっくり考えてみてはいかがでしょう。

それからもう一つ気になったのは、「田舎の女性」への画一的なイメージです。なんだか、繁殖のためだけに虎視眈々《こしたんたん》と若い男を狙う女戦士集団アマゾネスみたいで怖くなりました。

夫がママ友と不倫

2013.7.16

？

50代前半の主婦。夫が二年前から不倫をしています。

相手は、子どもの父母会で知り合った私の友人。その会合から関係が始まったと夫のメールで知りました。別れるよう夫に言い、今後を考えて彼女の前では知らないふりをしていました。

でも、彼女はその後も夫と会っていたことが一年後に発覚。彼女と夫と三人で話し、彼女が「二度と会わない」と泣いて誓ったので、私は彼女を信じました。不倫を知らない彼女の夫から、彼女の外泊を私のせいにされて、「一緒に連れ回すな」とどなられた時も彼女をかばって我慢しました。

でも、彼女はうそをついて関係を続けていました。苦しい家計から夫に渡していたお金が二人のホテル代になっていました。うちの子は相手までは知りませんが、夫が不倫をしたことを知って傷ついています。

彼女に二度も裏切られ、慰謝料も含めて話し合いたいと言うと「会えない」の一点張り。彼女の夫に事実を告げようと思いましたが、先方の子どもたちにも知られたらと思うと不安でできません。（東京・K子）

❖❖❖❖❖

手紙を読んで頭がくらくらしました。夫と彼女の身勝手さ、不誠実さ、抜け目のなさ、傲慢さ。目に余るところを数え上げるときりがありません。よくも今日まで我慢してこられたものです。

あなたが彼女の夫からどなられるのも理不尽な話です。そこまでしてあなたが守りたいものは何なのでしょう。家庭ですか。

残念ながら、すでにあなた方夫婦は壊れていますよ。その現実を直視してください。彼女にばかり怒りが向いていますが、あなたの夫も同罪です。もし彼女に慰謝料を請求したらいずれ彼女の夫にばれ、あなたの夫が同じように慰謝料を請求されるでしょう。既婚者同士の不倫は、双方に責任があるからです。

先方の子どもへの影響を気にしている様子ですが、では、あなたの子どもはどうなるのでしょう。一方的に傷つき悲しむのですか。その配慮がわが子を一生苦しめるかもしれないのですよ。そんなあなたの姿勢がこれまであなたの夫を甘やかし、不倫に走らせたことに早く気づいてください。ここは腹をくくって、双方の夫婦が向き合う時です。

浮気相手が忘れられない

2014.12.12

？

50代の会社員女性。浮気相手のことが忘れられません。

私には夫と二人の子どもがいます。相手は私の担当医だった人で家庭もあります。患者さんから信頼される姿に尊敬が生まれ、恋に落ち、三年になります。

大人同士、今やお互い達観の域にあり、めったに会いませんし連絡も取りません。「さよなら」も言わず自然消滅しそうです。それでいいと思っています。

でも、彼を忘れられないのです。夢にも現れ、涙があふれてきます。街を歩いていて、気づいたら涙が頰を伝っていることも。ひたすら、仕事にプライベートに没頭していますが、ふとした瞬間にやりきれない思いがこみ上げ、胸が張り裂けそうになります。

夫とは冷え切っています。が、その心の隙間を埋めるための浮気ではなかったと思います。身勝手な相談ですが、心の持ちようをご教示いただけたら幸いです。（東京・N子）

❖❖❖❖❖❖

あなたと彼の関係には打算がありました。家庭は壊さない。追いかけない。今以上、求めない。大人同士だからといって、危険を周到に回避してきました。

そして今、関係が終わろうとしている。彼から連絡はありません。それでいい。そう達観していたはずでした。でもつらい。心の持ち方を知りたい。そうおっしゃいます。

あいにく、そんな都合のいい方法はありません。むしろお互いの家族にばれなかったことを幸いとせねばなりません。

あなたはきっと気づいたのです。この愛は打算ではなく純愛だったのだと。ただし一方的な。

純愛には破壊が伴います。周囲を傷つけます。多大な犠牲を払ってもなお貫こうとするから純愛です。

あなたは本当は我慢していたんですよね。すべてを捨てる覚悟はあった。でも彼は望まなかった。家庭と地位を捨てるつもりなど、最初からありませんでしたから。

あなたの苦しみは、自分を偽っていたがゆえの苦しみです。彼の打算を知りながら強がっていた報いです。すべて、自分の責任です。一生、自分が背負っていかねばならないのです。

元校長の両親 仮面夫婦

2009.4.29

30代女性。両親ともに元校長。世間からは教育者一家と見られていますが、実は家庭崩壊しています。

物心ついたころから両親の仲は悪く、とても管理職とは思えない言葉で口げんかしていました。最大の原因は、父の女性関係。ただ、父のことを全く構わない母にも原因はあると思います。

父は相手の女性のことを頑として話しません。地位もある立派な母ですが、娘から見ると哀れな女性。ふびんでなりません。

二人は立場上、一緒に暮らしてきましたが、家庭内別居の状態。休日も別行動で一緒に趣味を楽しむこともなし。冷たい空気が漂う仮面夫婦です。こんな両親を見るのは心が痛みます。

両親と同居している弟はまだ独身ですが、きちんと仕事をしているので離婚しても問題ありません。もうそれぞれの人生を送ればいいと思うのですが。（N美）

❖ ❖ ❖ ❖ ❖

『ふたりのロッテ』で知られる作家、エーリッヒ・ケストナーは書きました。世の中には、両親の離婚によって苦しむ子どもたちがたくさんいるが、両親が離婚しないために苦しんでいる子どもたちもたくさんいると。

体面を気にして離婚しない両親にいら立ち、いっそ別れればいいのにと思うのは、娘として当然の感情だと思います。しかし実際に別れると、両親、とくに母親は娘だけが頼りになります。今は二人とも元気ですが、病気になれば、別々の家に住む両親を介護するのは大変です。たいてい、息子よりも娘に重い負担がかかるようです。

ただ、外野が何を言おうが離婚は両親が決めること。両親が現状維持を望むというなら、家庭内別居を快適にすることを考えてあげてはいかがですか。

寝室はすでに別でしょうが、家事はどうですか。家事代行業者に依頼するなどして、母親をまず家事から解放してあげてください。よそに女性がいる夫のために妻が家事をする必要などありません。部屋を改装してもいいかもしれませんね。幸い両親とも管理職の収入があったのですから、お金で解決できる部分はお金で、と割り切ることも選択肢の一つだと思います。

主夫 大金を得るのが夢

2009.6.6

40代男性。私は人づきあいが苦手で、会社勤めをしていた頃はよく体調を崩していました。今は家族の介護もあるので、退職して〝主夫〟をしています。再び会社に勤める気はありません。

最近、家事や介護の合間に時間をみつけて、株の勉強を始めました。インターネットを使った株取引をしたいのです。いつか、一日数回、パソコンのマウスをカチカチとクリックするだけで、大金を得るのが夢です。

でも、その夢を妻に話しても本気にしてもらえません。それどころか、逆に「現実的ではない」と説得される始末です。

私の夢はそんなに無謀でしょうか。いつかかなうと信じているのですが……。

（東京・B男）

世界中の人が、あなたと同じ夢を見ているのではないでしょうか。でも、夢はなかなか実現しないから夢です。

クリック一つで大金を得るということは、クリック一つで大金を失うことと同義です。あなたは投資家についての基本認識から間違っています。株式市場がどれほど予測困難か、二〇〇八年のリーマン・ショックで思い知りませんでしたか。その後、世界中が経済不況に陥っている現状をどうご覧になっていますか。

プロでさえ見誤るのです。睡眠も十分にとれない過酷な市場に、経験者ならまだしも、いきなり素人が飛び込んで何ができるでしょう。ビギナーズ・ラック（初心者が往々にして得る好結果）はあるかもしれません。でも、やがて家事や介護に手が回らなくなる日がくるのは目に見えています。

あなたが夢を見たいという気持ちは少しはわかります。家計を支える妻を助けたい。あるいは、人づきあいをしなくても勝負できる世界に、ご自分の可能性を賭けておられるのかもしれません。

それならなおのこと、きっぱり幻想を捨ててください。

世の中には成功談と同じくらい失敗談があふれています。それでもやろうと思うなら、奥様に十分に納得してもらった上で、身の丈にあった資金で自己責任をもって行うこと。実力以上の取引をしてはいけません。

50代夫 視線は若い女性に

2009.8.2

50代女性。同じ年の夫は、まじめで家族にも優しく、申し分ない人なのですが、最近、気になることがあります。

外出した時など、若い女性をちらちら見ているのです。歩いている時、電車に乗っている時、レストランで食事をしている時……。以前からそうだったのか、わかりません。最近、気になり出しました。気をつけて観察していると、視線の先は常に若い女性です。

我が家には、20歳前後の娘たちも同居しています。ミニスカートや胸元の大きく開いた服を着ていると、夫は気になるのか、娘であっても、ちらちら見ています。

見てほしくないという私の気持ちを、夫に伝えた方がいいのか。男とはそんなものかとあきらめた方がいいのか。誰にも相談できず悩んでいます。いい年して、こんなことで悩んでいる自分が嫌になります。

（京都・C子）

❖ ❖ ❖ ❖ ❖ ❖

男性の多くはいくつになっても、若い女性に興味をもっているようですね。

実は私の祖父がそうでした。生前のノートを譲り受けたのですが、講義メモだったはずのノート一面に、女性の写真がびっしりと貼ってあったのです。若き日のエリザベス女王から、折り込み広告のモデルさんまで。驚きました。でも、おじいちゃんも好きねえ、とほほえましかったです。

男性が女性に対する関心を失ったら、おそらく自分の身なりにも気を使わなくなり、急速に老けてしまうでしょう。浮気されているわけではないのですから、それぐらい許してあげてください。注意されるとかえって意識してしまい、エスカレートしかねませんから。

娘たちへの視線についてはお手紙だけでは判断できないのですが、今の段階ではよその女性に対するものとは違って、親としてハラハラしているからと思っていいのではないでしょうか。

それより心配なのは、なぜ今になって急に気になり始めたのかということ。あなたのご主人への感情が変化し始めたサインかもしれません。ご夫婦、仲良くしていらっしゃいますか。

別れた亡母の人生知りたい

2010.3.25

？

40代女性。私と姉が幼い頃、実母のアルコール依存症が原因で両親が離婚。父は再婚したものの、私は継母に虐待されました。その後、父と継母は別居。

今、私は夫と子の三人暮らし。幼い日のつらい体験のせいか、子育てに悩み、リストカットをしたことも。カウンセリングを受け、生き方を学んできました。ようやく落ち着いてきた最近、「妹」のことを思い出しました。当時、継母は女の子を連れていました。私を慕ってくれたその子と会って話をしたい。一方、実母も再婚し女の子を産んだと聞きました。こちらの「妹」にも会って、今は亡くなった実母のその後の人生を尋ねてみたい気持ちになりました。

ところが、父は「今さら」と怒り出し、姉

も過去とはかかわりたくない様子。私が行動を起こすと、周りの人の心を乱し、迷惑をかけるでしょうか。「妹」に会いたい気持ちは我慢すべきでしょうか。（A子）

❖ ❖ ❖ ❖ ❖ ❖

離婚は夫婦だけでなく、親子やきょうだいの関係まで断ち切ります。会いたくても会えない親子やきょうだいの数は、離婚件数のいったい何倍になるのでしょうか。

子育てにつまずき、十分すぎるほど苦しみ抜いた上で、ご自身の歩んできた時間の空白に気づいたのですね。その空白を埋めたいと願うのは、人としてあたりまえのことだと思います。

ただ父親や姉がそうであるように、同じ出来事でも経験した年齢や立場が違えば、感じ方や受けとめ方が異なります。幼かったあなたには知らされていない事情があるかもしれません。

たとえば、両親の離婚原因は母親のアルコール依存症だったそうですが、そもそも母親が酒におぼれる原因をつくったのが父親だったとしたらどうでしょうか。これは仮定の話ですが、空白を埋める作業には、そうした思いがけない事実に打ちのめされる危険が伴うのです。

周囲に悪いと躊躇《ちゆうちょ》するぐらいならやめたほうがいい。真相がどうであれ、ありのままを受けとめる覚悟はあるというなら、誰もあなたを止められません。さもなくば前に一歩も進めないのでしょうから。

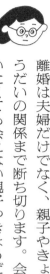

つい万引き……自分を恥じる

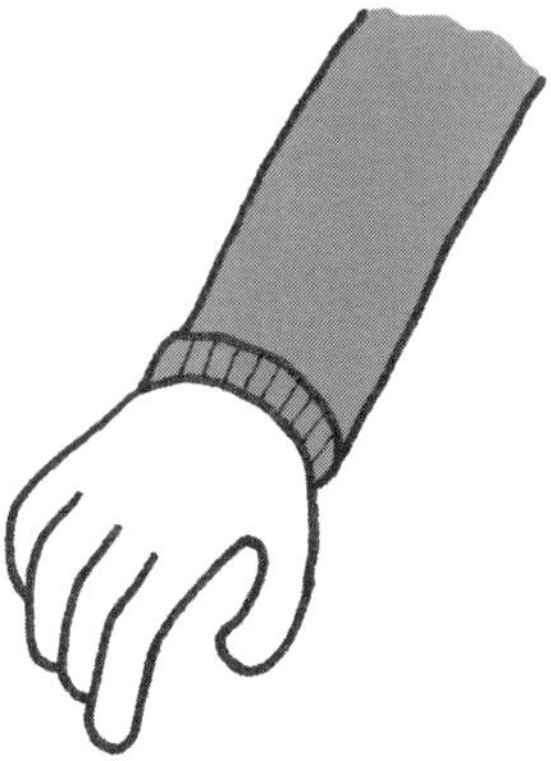

2010.6.2

？

50代主婦。とんでもないことをしてしまいました。世間に対してとても恥ずかしいことです。近所の店に入った時、かわいらしい品があったので手に取ってみました。小銭しかなかったので「次の機会に」と思えばよかったのに、品代を払わず店を出てしまいました。警察に通報されました。

どんな理由があっても許されることではありません。今では後悔し、毎日涙しております。ご迷惑をかけたお店の方にも家族に対しても申し訳ない。家族と一緒に暮らすのがつらく、家を出ようかと思っています。ご近所の方は何も知りませんが、罪悪感であいさつする際に顔も見ることができません。

時がたてば忘れると言いますが、生きてい

る限り忘れられないでしょう。こんな悪いことは二度としません。今後、私はどう生きていけばいいのか。死んでしまいたいほどです。以前のようなまっとうな毎日を送るためには何からすればいいのでしょうか。

（A子）

❖❖❖❖❖❖

とても個人的なお手紙をいただいたようでふるえております。よくぞ告白してくださいましたね。

罪を悔い、お店の方や家族に心から詫《わ》びておられることはまっすぐに伝わってまいりました。胸をかきむしりたくなる時間を過ごされているのでしょうが、それこそがあなたがしてしまったことへの裁きのかたちではないかと思われました。

自分で自分を責めることは、社会的な制裁以上に際限なく人を苦しめます。罪は許されるものではありません。でも、犯してしまった罪から目をそらすことなく真正面から向き合い、正しく苦しんでいるあなたという存在を、社会はきっと再び受け入れてくれると私は信じています。

家を出て、人との交流を避けて生活していれば精神的には楽かもしれません。でもそれは罪悪感を口実にした逃避でしかありません。あなたに課された責任とは、今日から生まれ変わったつもりで社会に恩返しすることではないでしょうか。ほかの誰でもないあなたを必要とする場所はどこかにあるはずです。人々の恩義に報いるためにも、どうか生き続けてください。

70代女性 年下の彼に女の影

2013.2.16

？

夫を十三年前に亡くし、一人で暮らす70代女性。老いらくの恋の恥ずかしい相談です。

最愛の娘を亡くし、心の渇きと苦しみから抜け出せなかった三年ほど前に、一回り年下の彼と知り合いました。気遣ってくれ、勇気づけてくれる彼が理屈抜きに好きになり、今は心の支えとして代えがたい存在です。

彼はこれまで仕事や病気のため、結婚どころではなかったと言います。女性関係を聞くと、60過ぎの男に何もなかったら気持ち悪いだろうと申します。理解はしていますが、切なくて嫉妬心がわいてきます。

年上の私は、嫉妬心が収まらず、情けない思いです。彼と話の合う年相応の人と幸せになってほしいと思い、一回り年上の私が束縛して良いのかと悩んでいます。さりとて彼を失いたくない気持ちで揺れています。

愚か者の私の行く道をどうかアドバイスしてください。（東京・K子）

❖ ❖ ❖ ❖ ❖

自分の親ほどの年齢の方の恋愛相談になんとお答えすればいいのでしょうか。私がもしあなたの娘だったらと想像すると、いい年をして、と叱りたくなる反面、少しほっとする気持ちもあるのです。長い間、ひとりで生きてこられたのですから。

手紙を読む限り、彼はあなたの思いを受けとめてはくれたようですね。それなのにこうして相談を寄せられたということは、別の女性の存在が気になっているのですね。でも、彼を好きになった時、いつかこんな日がくるのではないかと覚悟されていたのではないですか。

きっと、あなたは今、とてもきれいになられたと思います。化粧や髪やスタイルに気を使い、洋服を選ぶときも彼の好みを考えてあれこれと迷いながら買い物をされたのではないですか。二人でおいしい食事をいただく機会もあったことでしょう。

そんな時間をもてたというだけで、あなたをうらやましがる同世代の女性は多いと思います。

要は、ごちそうさま、ということです。

あとは願わくば、相手のために潔く身を引くかっこいい姿を見てみたい、といったら酷ですか。

乳がん……自分見失いそう

2010.9.23

40代の女性会社員。初期の乳がんが見つかりました。春に手術し、抗がん剤の治療を受けています。医学はめざましく進歩していますが、再発なしに私が十年後も生きているかどうかは、神のみぞ知る、です。だからこそ一日一日を大事に生きたくなりました。

でも本当にあと十年の寿命だったら……。これまでの人生、私は人のためになることを何もしてこなかった。治療の身では今後もできないのでは……。

そんなことをつい考え、やる気が起きません。仕事に使命感を持つ主治医の姿を見ていると、大企業に身を置き、競争社会を生きている自分は何の役に立っているのかと、むなしいです。

だからこそ、一日一日を大切にすると心に決めたはずなのに、自分を見失いそうです。がんになっても一生懸命に生きている人はたくさんいます。私だって動けるはず。動きたい。けれども気持ちが重く、前に進めません。（東京・J子）

❖❖❖❖❖❖

がんになった多くの方がおっしゃいます。一日一日がかけがえなく、生きとし生けるものすべてが愛《いと》おしい、と。がんにならなければ花の香りや鳥のさえずりに気づくこともなく、今このときも、あなたは厳しい競争社会で忙しく過ごしておられたことでしょう。

でも、それは本当にむなしいことでしょうか。もし勤務中に突然死してしまったとして、むなしい人生だったと切り捨ててしまっていいのでしょうか。

もちろん悔いはあると思います。でもそれも含めて四十数年間のあなたではないですか。思い出してください。初任給をもらった日、誰かにプレゼントを贈りませんでしたか。そのとき、その人はどんな顔をしましたか。人の命は救えなくても、あなた自身が仕事によって救われたことは一度もなかったですか。たとえば、お客様の「ありがとう」というたった一言で。

まず何よりも、あなたはあなた自身の人生を愛してください。人の役に立つことを始めるのは、それからでも遅くありません。少なくとも私は、今日まで全速力で走ってこられたあなたを心から尊敬しています。

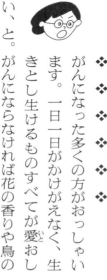

50代女性 整理できぬ恋心

2010.10.20

50代女性。サークルで知り合った男性を好きになり、相手も好意を持ってくれました。

他の人にわからないよう内緒話やメール交換するのが楽しかったのですが、お酒の席で、つい「好き」と口に出し、他の人に聞かれてしまいました。

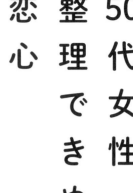

周囲が気になり、彼に連絡できなくなりました。自分のうかつな発言を悔やみました。しばらくして彼から、「今までのように友だちとしてつきあおう」とメールが届きました。

そもそも二人きりで会ったことも、肉体関係もありません。「友だちとして」と言われたところで、いったい何を悩む必要があるのか。でも「彼が好き」という気持ちを整理できずに悩んでいます。お互いに家庭があり、それを壊すつもりは毛頭ありませんが……。

今後もサークル活動で一、二カ月に一度は顔を合わせます。やはり「好き」という気持ちにピリオドを打たなければならないのでしょうか。（東京・K子）

❖ ❖ ❖ ❖ ❖ ❖

一、二カ月に一度は好きな男性に会えるなんて、心華やぐ日々をお過ごしですね。

いくつになっても恋はすてき。誰にも知られないように内緒話やメール交換をしていたそうですが、まるで中学生の初恋のようでドキドキしてしまいます。

それなのになぜ公表してしまったのでしょうね。きっとそこがあなたの誠実なところ。ご自分の感情が揺り動かされていることに、多少とも罪悪感をお持ちになっていたのではないでしょうか。もし一線を越えてしまったら取り返しのつかないことになってしまう、今のうちになんとかしないと、という自制心がとっさにブレーキをかけさせたのではないかと思うのです。

相手の男性がおっしゃることはごもっとも。それ以上に何を望むというのですか。そもそも肉体関係もなく家庭を壊す気持ちもなかったのですから、思いを断ち切るといった極端な結論を出すことはありません。

それよりは、まだ誰かを好きになれるという気持ちを大切にして、ご自分を内面から磨き、まわりに幸せのおすそ分けをしてください。やがて高ぶる思いも平静を取り戻すでしょう。

夫が自殺 つらい家を 出たい

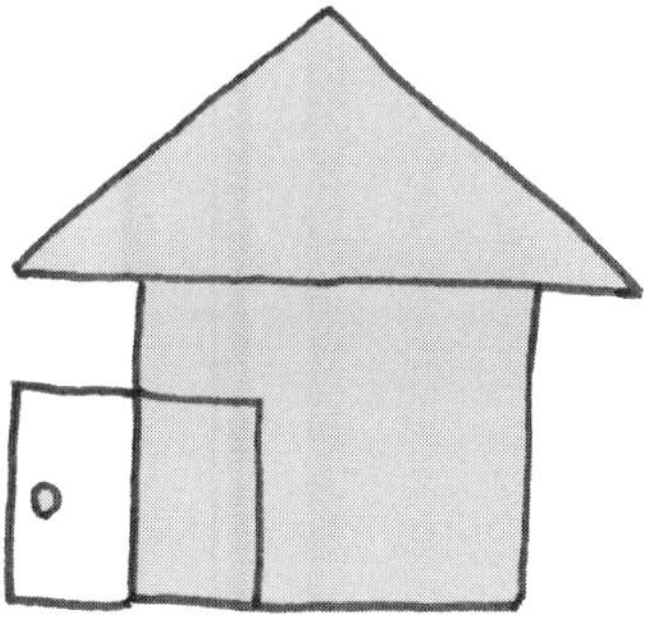

2012.9.27

50代パート女性。昨年に夫を亡くしてから、悲しくて、苦しくてなりません。

以前の夫は気難しくて、私は離婚を考えるほど苦しみましたが、病気になってからは別人のように優しくなりました。三人の子どもや実家、友人らに支えられ、看病を続けました。ただ、夫は一年余りの闘病中に会社を解雇され、絶望して自ら命を絶ちました。

同居の義母からは、夫の看病の手助けが一切ありませんでした。夫の祖父が要介護になった二十数年前も、義母は家にいつかず、私は子育てと祖父の介護に追われました。今、義母の通院に付き添っていますが、つらい思いばかりさせられた義母の面倒をなぜ見なければならないのか、悩みます。

夫が自宅で自殺した時の残像も浮かび、苦しいです。最近、空き巣にも入られました。この家を出て、人生をやり直したい思いでいっぱいです。（福岡・M子）

❖ ❖ ❖ ❖ ❖ ❖

申し上げる言葉が見つからず、何度も手紙を読み返しました。これほどつらい経験をされたあなたが、それでも家を出て人生をやり直したいとお書きになっていることにかすかな光を見た気がして、ようやくこの回答を書いております。

なによりもまずは、あなた自身をいたわることを第一に考えてください。夫の残像に苦しむ日々、そこに追いうちをかけるように空き巣に入られたのです。このまま同じ家に平気で住み続けられるほうが不思議ではないかと思います。

幸い、実家や友人は応援してくれていますね。せめて週末だけでも実家で過ごす、時には、友人と旅行なさってはどうですか。義母については、役所の福祉課や病院の地域医療相談窓口に行けば、一時宿泊できる高齢者施設などを紹介してくれるでしょう。

いや、義母と縁を切ってでも家を出たいというなら、最後の切り札ですが、姻族関係終了届を役所に提出すれば夫の親族との親戚関係は終了し、扶養に対する責任も消えます。

遺族年金は引き続き受給できるので心配ありません。良心の呵責《かしゃく》に苛《さいな》まれるかもしれませんが、自分を救い、次へ踏み出すためです。苦労を見てきた子どもたちは、きっとわかってくれると思います。

中国人の夫 就職難しく

2013.4.9

50代主婦。中国人の夫は30代で日本語を話せますが、完璧ではありません。仕事の面接をいくら受けても採用されず、苦しんでいます。

夫は大学卒でとても真面目。一生懸命に仕事をするのに、言葉のハンデのせいで就職できません。かつては介護職として働いていましたが、体を壊して辞めざるをえなくなりました。ストレスで顔面神経痛にもなり、今は友人の中国人の店で安い賃金で働いてます。

そのため、私が働いていますが、どう頑張ってもギリギリの生活です。夫の治療費もかさみ、私一人が支払いに追われています。

心の余裕がなくなって、夫に文句を言わなくては気が済まず、後で言い過ぎを悔やむ日々です。いい人なのに苦労している姿をみると、かわいそうになります。本音は別れたくないのですが、離婚した方がお互いのためではとも思い、頭が混乱しています。

（埼玉・E子）

私には、わが娘のようにつきあっている中国人がおります。19歳で来日して以来、実家に仕送りしながら忙しく働く姿をそばで見守ってきました。

いわれなき差別や職場での不当な待遇などをそばで見聞きするたび共に怒り、共に悩みました。彼女と出会わなければ、日本社会のもう一つの顔に鈍感なままだったでしょう。その意味でも、彼女は私の恩人だと思っています。

状況は異なるでしょうが、あなたのご主人が日々どれだけ苦労をされているか、少しは想像できます。せっかく日本に来て、日本人と結婚までしたのに、思うように働けない。お二人で涙する日もあったのではないでしょうか。あなたはご主人を通じて、この社会の理不尽さを痛感されたことと思います。

あなたの憎むべくはご主人ではありません。今こそ力を合わせてこの苦難を乗りきっていただきたい。一般社団法人社会的包摂サポートセンターのよりそいホットラインや、法務省が設置した外国人総合相談支援センターのように、一つの窓口で各分野の専門家が外国人の生活から就職まで幅広い支援を行う相談事業もあります。まず一歩踏み出すためにも、第三者の協力を得て現状を見直すことから始めてみてください。

資格と転職活動に悩む40歳

2013.9.18

？

40歳の女性。パートの短時間勤務です。職場の女性社員に「いつまでここにいるつもり」と嫌みを言われてショックを受けました。

今の職場には五年以上勤めています。入社当時、なぜフルタイムで働かないのか問われ、保育士試験を受けると言ってしまいました。試験には合格しましたが、保育士にはなりたくありません。ほかにも色々と資格を取り、難関資格にも挑戦するつもりです。

その女性は「就職活動しているの？　親は何とも言わないの？」とも言いました。ハローワークには通っていますが、面接を受ける気になれません。本音はもう少し今の職場にいたいのです。

私はパートも含め何度も転職を繰り返して

います。一度やめるとなかなか次に進めず、引きこもる私を母は知っているので、女性の発言に「短時間でも続けるのは立派。そんなこと言われる筋合いはないと言ってやんなさい」と言います。

　年金生活の親にこれ以上負担はかけられません。周りの人を納得させるような普通の人生を送った方が幸せなのでしょうか。

（東京・S子）

❖ ❖ ❖ ❖ ❖ ❖

少々厳しいことを申します。保育士試験に合格したのに、保育士になりたいわけではない。ハローワークに通っているのに、転職を望んでいるわけではない。難関資格に挑戦したいのに、今の職場をやめたいわけではない。彼女でなくても、何をしたいのだろうと疑問をもちます。

　思い通りにいかないことを他人のせいにしていませんか。周囲が納得するような人生があなたの望む人生ですか。難関資格の取得が本当にやりたいことであれば、まわりの雑音に耳を貸す余裕はないのではありませんか。

　親がよき理解者であることも、幸福とは限りません。いつでも味方になってくれる親がそばにいることは居心地がいいものです。独立していても不思議ではない年齢のあなたが今こうしていられることの原因の一つが、ものわかりのよい親の存在かもしれませんよ。

　近い将来、親は死にます。あなたが自分の生き方に納得していれば、さみしさも不安も半減するでしょう。生きる力をつけるために必要なこと。今はそこに集中してください。

熊のぬいぐるみ、夫が溺愛

2013.9.27

？

40代の主婦。会社員の夫が熊のぬいぐるみに執着します。一日中熊の話ばかりするのがうっとうしくて、真剣に悩んでいます。ぬいぐるみは、以前に私が買ったもの。夫が十年前に押入れで見つけ、「閉じこめたらかわいそうや」と部屋に置き「くま吉」と名付けました。その時は「優しいな」と思いました。

今では「元気か」「暑いですなぁ」などと夫は盛んに話しかけます。寒い夜に毛布をかけてやって風邪を引き、病院に行きました。忙しい私を気遣わず、熊の話ばかりするので「ばかばかしい」と言うと、「くま吉が嫌いか」と聞かれました。意味がわかりません。

先日も久しぶりに二人で出かけた旅先で「売店の人がくま吉に似ていた」「くま吉に

土産《みやげ》を」などと言うのでキレてしまいました。私の買ったぬいぐるみだから、夫は「大事にしないと」と言いますが、私のことはさほど大事にしません。「自分が死んだらくま吉を頼む」という夫とどう暮らせば良いのでしょう。（大分・R子）

❖ ❖ ❖ ❖ ❖

さあて、困りましたね。真剣な悩みとありますが、たんなるのろけとも思えるからです。よその女性にうつつを抜かして妻を泣かせる夫が多い昨今、かわいい夫ではありませんか。

知っていただきたいのは、熊のぬいぐるみはそもそも男の子用に作られたという説もあることです。古来、熊は森の王といわれ、神話や童話では自然界の偉大な治癒者と考えられてきました。不安や悲しみを抱える少年を慰め、困った時には知恵を与えてくれる心強い友人なのです。

ご主人はサラリーマンだそうですが、会社で苦労なさっているのではありませんか。疲れている様子はありませんか。「くま吉」はそんなご主人にとって日々のストレスをぬぐい去ってくれる大切な神様なのかもしれませんよ。愚痴を聞かされることに比べれば、あなたへの気遣いにも感謝すべきでしょう。

ただ一つ気になるのは、「くま吉」をかわいがるあまり、自分の身の回りまでがおろそかになっていることです。ここは愛想を尽かすのではなく、あたたかい心で接してあげたほうがいいでしょう。

ご主人が冬眠してしまわないように。

仕事先が夫の元彼女の家

2013.10.9

？

50歳主婦。非常勤で介護の仕事をしています。偶然、仕事の訪問先が夫の元彼女の家でした。その人のことが頭から離れません。

夫と結婚して三十数年。口べたですが穏やかで誠実な人だと思います。結婚当初の夫の荷物に年賀状や写真があり、彼女の名前を覚えていました。半年ほどのつきあいで夫は本気だったようですが、彼女が別の男性と結婚することになり振られたと聞きました。

他の人に訪問を任せてもよかったのですが、興味がありました。会った時はそうでもなかったのに、日増しに「まだ忘れられないでいるのかも」と勘ぐるようになってイライラし、つい夫に嫌味を言ってしまいます。

夫は「どうして返答に困ることを言うの

か」と立腹します。夫に事実を告げたら驚きつつも「結婚前の恋愛」と動じませんでした。実は数年前から触られるのも嫌で夫婦生活が途絶えていましたが、夫が恋しくなり復活しました。それでも、気持ちの整理がつかず、体調も崩しました。誰にも相談できず長々と引きずっています。（熊本・S子）

❖❖❖❖❖

どうして返答に困ることを言うのか。思わず、ご主人と同じ言葉をお返ししたくなりました。ご自分がまいた種なのに、その後始末を頼まれても困ります。と言いたいところですが、そうなると本欄の務めを放棄することになるわけで。

あなたが彼女よりも前に夫と知り合うことは不可能だった以上、ご主人の過去を問い詰めるのは理不尽です。体の具合がよくないようですから、とりいそぎ担当替えを願い出てはどうですか。物理的に距離を置くことは、当面の解決策にはなるでしょう。若い夫婦ならば、あとは二人で豊かな未来を築いてくださいといえますが、ベテラン夫婦には釈迦に説法。ましてや、夫婦生活は一応充実しているそうですからなにをかいわんやです。

ここは発想を転換し、彼女との出会いは倦《けん》怠《たい》期《き》の夫婦関係を再生するために天が与えてくれたカンフル剤と考えてはどうでしょう。あなたの無意識もそれを望んだからこそ、彼女への好奇心が芽生えたのでは。その結果、夫婦が互いを見る目に潤いがもたらされた。いやはや、これ以上欲張ったら罰が当たりますぞ。

子育て一段落独り身の孤独

2012.2.3

？

50代前半、パート女性。夫を十五年前に亡くしてから懸命に働き、四人の子を育てました。子どもが皆大学に進み、落ち着いた今になって、このままでよいのかと考えるようになりました。

この十五年間、交際を申し込んでくれる奇特な人が何人かいました。でも全員、即座に断りました。当時の私は子育てが全て。恋は、子どもが親の恋愛を理解できる年齢になってからと考えていました。でも、子どもが独立してからは、いいようのない寂しさを感じる毎日です。亡き夫をずっと思って一生暮らすべきなのに、深い孤独感に支配される自分を恥じています。

もし出会いがあったとして、私がその人とつきあうのは、人の道に反していませんか。

子どもたちは皆優しく育ち、いつも私に「お母さん、苦労して育ててくれてありがとう」と感謝の言葉を言ってくれます。そんな子どもたちを裏切ることにならないでしょうか。つまらない相談で申し訳ありませんが、ずっと悩んでいます。（新潟・K子）

❖ ❖ ❖ ❖ ❖

お母さん、と私に呼ばれる筋合いはないでしょうが、あえて言わせてください。

お母さん、もしかして好きな人がいるのではありませんか。打ち明けてくれてうれしいです。お父さんのこと、ずっと心配してました。お父さんが亡くなったときはまだ30代。世間一般でいえば女盛りの年頃です。それなのに私たちのために一生懸命働いて、大学まで進ませてくれました。

これまでも交際を申し込まれたことがあったのですね。言ってくれればよかったのに。そりゃあ、思春期で微妙なときだと複雑な気分かもしれませんが、財産につけ込まれるような裕福な家ではないし、お母さんが幸せになれるなら、私たちのことは気にしないで、と言ったと思います。

みんな独立した今、正直にいえば、お母さんがいつも一人で家にいると想像するだけで胸が痛いです。でも、お母さんが誰かと一緒に楽しい時間を過ごせているなら、これほど心強いことはありません。お母さんが選ぶ人ならきっとすてきな男性なのでしょう。第二の人生はまだ始まったばかり。今まで本当にありがとう。いい恋、してください。

最相葉月
さいしょう・はづき

1963年生まれ。兵庫県神戸市出身。関西学院大学法学部卒業。

著書に、『絶対音感』(小学館ノンフィクション大賞)、『青いバラ』『星新一　一〇〇一話をつくった人』(大佛次郎賞、講談社ノンフィクション賞ほか)、『れるられる』『セラピスト』『ナグネ　中国朝鮮族の友と日本』『東工大講義　生涯を賭けるテーマをいかに選ぶか』『未来への周遊券』(瀬名秀明との共著)、『胎児のはなし』(増崎英明との共著)など。

読売新聞紙上にて「人生案内」の回答者を7年以上つとめている。

初出:読売新聞(「人生案内」2009年1月～2015年7月の記事より46回分を抜粋し掲載)

辛口サイショーの人生案内
2015年12月1日　初版第一刷発行
2022年 2月1日　初版第四刷発行

著　者　最相葉月
イラスト　佐藤ジュンコ
発行者　三島邦弘
発行所　㈱ミシマ社 京都オフィス
郵便番号　602-0861
京都市上京区新烏丸頭町164-3
電　話　075(746)3438
FAX　075(746)3439
e-mail hatena@mishimasha.com

装　丁　寄藤文平・鈴木千佳子(文平銀座)
印刷・製本 (株)シナノ
組　版　(有)エヴリ・シンク

URL　http://www.mishimasha.com/
振　替　00160-1-372976 ISBN978-4-903908-71-7